SAINTE GERMAINE DE PIBRAC

SA VIE, SES MIRACLES

Relation des Fêtes de Rome, le 29 juin et de Toulouse,
les 28, 29 et 30 juillet 1867

TOULOUSE

Chez l'Éditeur, boulevard Napoléon, 55

TOULOUSE

Typographie Franc et Cⁱᵒ boulevard Napoléon, 55.

SAINTE GERMAINE COUSIN

SA VIE

Germaine Cousin naquit à Pibrac, village du diocèse de Toulouse, vers l'an 1579. Son père se nommait Laurent Cousin et sa mère Marie Laroche ; ensemble ils faisaient valoir la petite ferme du Gaïné, située à peu de distance de Pibrac, sur la rive gauche du Courbet, affluent de l'Aussonnelle. Germaine vint au monde avec une complexion délicate, et, pour son malheur, Marie Laroche ne tarda pas à mourir, la laissant orpheline. Ce fut la première douleur de celle qui devait tant souffrir.

Devenu veuf, Laurent Cousin, songeant à l'avenir de son enfant, à laquelle il ne pouvait donner les soins que comportait son état de souffrance, Laurent Cousin se remaria. Mais combien ses plans furent déçus ! Sa nouvelle femme, dont l'histoire ne dit pas le nom, sembla prendre à tâche de rendre la vie insupportable à sa belle-fille. Au lieu de garder Germaine auprès d'elle,

de la soigner, de l'élever, ainsi que n'aurait
pas manqué de le faire la mère véritable, cette
mégère exigea de son faible mari que Germaine
allât dans la campagne, été et hiver, pour garder
les brebis. Le matin, dès l'aube, on la voyait
partir à la tête de son troupeau, emportant dans
sa panetière une maigre pitance, et ne trouvant
à son retour pour tout accueil que dures paroles
et mauvais traitements. La nuit, elle couchait
sous l'escalier, où un lit de sarments lui avait été
préparé.

Le travail forcé, les coups, le manque absolu
de soins, la mauvaise nourriture amenèrent la
déviation du bras droit et de la main de Germaine, et l'appauvrissement du sang se manifesta par des écrouelles ou humeurs froides.

Mais l'enfant souffrait en silence, et, loin de se
plaindre de ce qu'elle avait à supporter, elle en-
durait tout avec résignation, songeant aux souffrances que le Fils de Dieu a voulu subir pour le
salut du monde. Bien plus, ne trouvant pas son
sort assez misérable, elle s'imposa des privations
volontaires et se condamna à n'avoir d'autre
nourriture toute sa vie que du pain et de l'eau.

Sa piété était singulière; elle tenait son âme
sans cesse élevée vers Dieu; son cœur ne respi-
rait que la foi, l'espérance, la charité; et cepen-
dant les paysans lui imposaient mille avanies. Ils
l'insultaient quand ils passaient près d'elle; les

épithètes les plus injurieuses lui étaient lancées. On l'appelait à la fois — inconséquence des hommes — *bigotte* et *sorcière*... Celui en qui était tout son espoir se chargea de montrer, par des prodiges, la sainteté de son élue.

On ne tarda pas à s'apercevoir que lorsque Germaine quittait ses brebis pour aller prier soit devant la croix qu'elle-même avait plantée, soit au pied des saints autels, elle enfonçait en terre sa houlette, autour de laquelle se rangeait le troupeau, que les loups, — fréquents à cette époque dans la forêt de Bouconne, — n'entamaient jamais.

Un dimanche, Germaine quitta le Gaïné, se rendant à l'église pour recevoir le pain des forts; le Courbet, grossi par les pluies, opposait à son passage un obstacle infranchissable. Des paysans la suivirent, et quel ne fut pas leur étonnement, lorsqu'ils virent les eaux du torrent s'écarter à son pproche et la Sainte passer à pied sec d'une rive à l'autre.

Dans sa rude pauvreté, la pieuse enfant trouvait encore le moyen de faire l'aumône. Elle retranchait de son nécessaire, recueillait avec soin les morceaux de pain que ses frères et sœurs laissaient traîner dans la maison, et les distribuait aux malheureux qui bénissaient son nom. La marâtre cruelle, informée de cette charité, l'accusa de dérober la nourriture de ses enfants. Un jour d'hiver, elle suivit Germaine qui s'en allait le tablier plein, et, croyant la surprendre au moment où elle faisait à un pauvre infirme sa distribution accoutumée, cette mégère s'avança le bâton haut, traitant la Sainte de voleuse. Mais, à sa confusion, le tablier, au lieu de pain, ne contenait que des fleurs d'un éclat merveilleux, qui jonchèrent le sol couvert de neige.

Ce miracle, qui rappelle ceux de sainte Elisabeth de Hongrie et de sainte Casilda d'Espagne, fit l'admiration des villageois qui en furent témoins. De retour au bourg, ils racontèrent ce qu'ils venaient de voir ; alors, l'espèce de haine que l'on avait contre la jeune fille fit place à la vénération. La marâtre elle-même revint à des sentiments plus humains, et le sort de la bergère allait être enfin supportable, lorsque Dieu la prit dans son sein. Germaine était mûre pour le Ciel.

Un matin de l'été de 1601, Laurent Cousin, trouvant encore son troupeau dans l'étable à une heure où d'habitude il paissait depuis longtemps dans les prairies, Laurent Cousin dirigea ses pas vers l'obscur réduit où sa fille prenait son repos de chaque nuit. Il la trouva morte sur sa dure couche de sarments.

Dans Pibrac et les campagnes voisines, il n'y eut qu'un cri à la nouvelle de cet événement : La Sainte est morte !

On fit à cette enfant, naguère méprisée, des obsèques magnifiques. Son corps fut couvert d'habits blancs ; on répandit des fleurs sur son cercueil, et on l'ensevelit dans l'église du bourg, à gauche de la chaire.

Le soir de ce jour, deux moines qui s'étaient égarés dans la forêt de Bouconne, et qui depuis de longues heures cherchaient vainement à retrouver leur chemin, aperçurent au-dessus de leur tête la phalange des vierges du Ciel qui, vêtues de blanc et répandant des roses, montaient vers le Ciel, emmenant avec elles une jeune fille d'une admirable beauté. Toutes ensemble, dans un concert céleste, chantaient les louanges du Seigneur. C'était l'âme de Germaine qui, débarrassée de son enveloppe terrestre, allait au suprême bonheur...

Quarante-trois ans après, en 1644, une femme, nommée Endoualle, mourut à la ferme de maître Laurent. On voulut l'ensevelir dans l'église, et, en creusant le sol, le fossoyeur rencontra le corps de Germaine. Ce corps était tout entier, « les membres attachés tous les uns aux autres par leurs jointures naturelles, et couverts même de l'épiderme. La chair paraissait sensiblement molle en plusieurs parties. Les ongles des pieds et des mains étaient parfaitement adhérents à leur situation ordinaire. La langue même et les

oreilles, uniquement desséchées, s'étaient conservées dans leur entier. Ce corps précieux était
revêtu de sa chemise et de son suaire, qui n'a-
vaient pas encore reçu la moindre atteinte de la
plus légère pourriture ; il n'y paraissait que la
seule couleur de la terre qui les avait couverts.
On lui trouva en même temps une bougie entre
les mains et une guirlande ornée d'œillets et
d'épis de seigle. Les fleurs n'avaient rien perdu
de leur couleur naturelle, et les épis étaient encore remplis de leurs grains, qui avaient la même
fraîcheur qu'au temps de la moisson.

» Tous les anciens de la paroisse reconnurent
ce corps à la difformité de sa main et aux cica-
trices des écrouelles qui paraissaient à son cou.
Ils publièrent que c'était le corps de Germaine
Cousin, morte depuis quarante-trois ans, qu'ils
avaient eux-mêmes connue, et dont ils avaient vu
l'enterrement. On le plaça debout près de la
chaire de l'église. Il y fut laissé dans la même
situation, exposé à la vue de tout le monde, jusqu'à ce que le miracle suivant donna lieu de le
placer d'une manière plus décente. »

Vers l'an 1645, Marie de Clément-Gras, dame
de Beauregard, ayant été impressionnée par la
vue du corps de la Bergère, avait obtenu qu'on
l'éloignât du banc qu'elle avait dans l'église. Elle
fut affligée d'un cancer au sein, de sorte que son
unique enfant, qu'elle nourrissait de son lait, ne

voulut plus s'approcher d'elle. Il allait ainsi dépérissant, malgré les soins des médecins de Toulouse, lorsqu'une nuit, madame de Beauregard, s'éveillant tout-à-coup, vit une grande lumière qui remplissait sa chambre et, au milieu de cette lumière, l'image de Germaine... La dame comprit ce prodige, elle s'humilia, fut aussitôt guérie, et son enfant suça abondamment le lait qu'il avait refusé jusque-là.

L'heureuse mère, reconnaissante, voulut que les restes de celle que l'on considérait déjà comme une sainte fussent renfermés dans une châsse de plomb, où on les conserva jusqu'en l'année 1793.

A cette époque fatale pour la France, des actes de vandalisme et d'impiété furent commis partout. Pibrac ne devait pas être à l'abri des forfaits de ces prétendus patriotes. Un certain Toulza, potier d'étain, fut chargé par le district révolutionnaire d'anéantir les reliques de la Sainte. On mit en réquisition quatre habitants de Pibrac pour prêter main-forte au délégué de l'administration. L'un d'eux refusa obstinément, les trois autres obéirent ; mal leur en prit. Le corps, retiré de la châsse qui le renfermait, fut enfoui dans la chaux vive, et les trois profanateurs ne tardèrent pas à porter la peine de leur sacrilége. L'un d'eux mourut misérablement, et les deux autres ne furent guéris de leurs souffrances qu'après qu'ils furent allés au tombeau de [la Sainte implorer son pardon.

Les mauvais jours passèrent... En 1795, on chercha le corps, que l'on retrouva intact ; mais les chairs s'étaient desséchées par un séjour de deux ans dans la chaux. On s'empressa de replacer ces reliques à la place qu'elles occupaient avant la profanation. En 1820, on les transporta dans la nouvelle sacristie ; en 1821, dans la chapelle de Saint-François-de-Sales, et, plus récemment, dans un édifice construit hors de l'église, dans l'enceinte du cimetière. Après le décret du 23 juin 1853, une baie fut ouverte qui mit le monument en communication directe avec l'église.

SES MIRACLES

Les miracles opérés par sainte Germaine sont nombreux ; nous allons raconter sommairement ceux qui nous sont connus. Nous commencerons par rapporter les quatre qui furent admis par la congrégation des rites , lorsque l'autorité ecclésiastique eut demandé la béatification de la Vierge de Pibrac.

Suivons le récit de M. l'abbé H... B... , nous ne saurions avoir un meilleur guide.

Le premier miracle est la guérison de Jacqueline Cathala , arrivée en 1828.

Voici, du reste, la narration qu'en fit la mère de la miraculée, lors de l'information canonique.

Je partis à pied ; j'avais placé ma fille dans un panier sur une bête de somme ; nous arrivâmes à Pibrac, c'était un dimanche. Nous entrâmes à l'église, et pendant la messe, au moment du **Sanctus**, Jacqueline poussa un cri, et en même temps j'entendis un craquement qui, je crois, fut produit dans les articulations de son petit corps. J'étais dans une assez grande inquiétude, quand tout-à-coup me vint la pensée que ma fille devait être guérie. Toutefois, je continuai mes prières jusqu'à la communion. A cet instant, je recommandai à mon fils de surveiller sa sœur, ne voulant pas l'attacher sur sa chaise comme je faisais toutes les fois que je laissais l'enfant seule. Mais voilà que comme je m'approchai de la balustrade pour faire la sainte communion, je me sentis suivie par Jacqueline qui vint s'agenouiller auprès de moi ; elle était toute rayonnante : elle était guérie.

En arrivant à Toulouse, ma fille s'écria en apercevant son père : Je suis guérie, prenez-moi dans vos bras, posez-moi à terre, et vous verrez comme je marche et comme m'a guérie la vénérable Germaine.

Depuis lors, Jacqueline Cathala s'est toujours bien portée.

Le second miracle examiné à Rome, fut la guérison instantanée et complète de Philippe Luc, en 1844.

Dès l'âge de douze ans, Philippe avait ressenti au haut de la cuisse une douleur qui bientôt le fit souffrir au point de paralyser ses mouvements. Le mal, au bout de deux ans, se manifesta par une tumeur purulente que plusieurs médecins déclarèrent incurable.

On conseilla aux parents de Philippe de faire entrer l'enfant à l'hôpital, afin qu'il fût mieux soigné. Mais, après deux mois de traitements inutiles, Philippe quitta l'hospice et revint à la maison de ses parents.

Le récit des miracles opérés tous les jours au tombeau de la Bergère de Pibrac, le déterminèrent à demander au Ciel ce que la terre était impuissante à lui accorder ; il entreprend donc le voyage de Pibrac. Après une course interrompue par de fréquents repos, Philippe arriva à l'église, il entendit la messe, pria auprès des restes vénérés de Germaine. Mais n'ayant rien obtenu pour sa guérison, il revint péniblement à Cornebarrieu, son pays natal. Il était loin, toutefois, de se décourager, et il eut raison ; car s'étant mis au lit, accablé de fatigue, il s'endormit d'un doux sommeil, et quand il s'éveilla, sa mère, qui s'était approchée pour penser sa plaie, la trouva complètement guérie.

Les médecins demeurèrent étrangement surpris d'un tel prodige, et l'un d'eux a affirmé par écrit son étonnement.

La ville de Bourges, entre autres maisons religieuses, compte un lieu de refuge pour les pauvres filles dont la vertu est en péril.

Vers la fin de l'année 1845, les ressources ordinaires de cette maison ayant fait défaut, le monastère se trouva dans un grand embarras.

Conseillée par le Seigneur, la directrice du couvent eut recours à la Bienheureuse de Pibrac. On commença une neuvaine, et tout le monde, religieuses et pénitentes, appela le secours de Germaine.

Deux sœurs étaient spécialement chargées de la boulangerie, et tous les cinq jours elles cuisaient le pain nécessaire à l'alimentation du personnel de l'établissement. Les petites provisions étant sur le point d'être épuisées, les boulangères avertirent la supérieure, qui, à leur grand étonnement, voulut faire confectionner toujours la même quantité de pain, mais ordonna en même temps de ne prendre au grenier que la moitié de la farine habituellement nécessaire pour chaque fournée. Accoutumées à l'obéissance, les sœurs firent selon qu'il leur avait été commandé, et elles furent fort surprises de voir qu'à mesure qu'elles faisaient leurs pains, la pâte ne diminuait pas, si bien qu'avec le peu de farine qu'elles avaient apporté, elles firent tant de pains que le four ne put pas les recevoir tous.

Cinq jours s'écoulèrent, pendant lesquels la communauté fut nourrie avec les pains ainsi multipliés. Après ce temps, on prit encore la même quantité de pâte, et on put, comme la première fois, confectionner un égal nombre de pains.

Pendant que ceci se passait au four, la farine qui était dans le grenier ne diminuait pas sensiblement; mais le tas se maintenait au même point, malgré les soustractions des sœurs boulangères; de telle sorte que cette farine qui aurait dû, en temps ordinaire, être épuisée à la fin de décembre 1845, dura jusqu'au commencement du mois de février de l'année 1846.

Cette multiplication du pain et de la farine s'est accomplie dans une maison qui renfermait plus de cent vingt personnes. Les témoins du miracle ont été nombreux, et la plupart peu disposés à croire, sans des preuves manifestes et évidentes de vérité.

———

Voici maintenant la nomenclature d'un grand nombre de guérisons miraculeuses que nous trouvons rapportés par les auteurs les plus dignes de foi :

1664. — Anne Frégand, de Pibrac : — écrouelles.

1670. — M. Romenguère, vicaire de Pibrac : — paralysie universelle.

1677. — Bernarde Roques, de Cornebarrieu : — paralysie.

1688. — Deux des fils de Jean Delprat, de Colomiers : — écrouelles.

1702, 9 juin. — François Tissinier, de Caubiac : — surdi-mutité.

1703, 9 septembre. — Jean Serrès, de Toulouse : — rétraction de nerfs à la jambe gauche.

1703, 16 octobre. — Marie Pennetier, de Toulouse : — plaie au côté depuis six ans.

1705, juin. — Messire Lemazuyer, ancien procureur général au parlement de Toulouse : — sciatique très-violente.

1820, 4 août. — Jeanne-Marie Laporte, de Toulouse : — percluse des deux jambes.

1820, 8 novembre. — Madame Dolor, née Nombel, de Castelnaudary : — Maladie longue et dangereuse.

1821, 25 juillet. — Jeanne Cazes, de Toulouse : — percluse.

1822, 18 octobre. — Pierre Pratviel, de Pinsaguel : — rhumatismes aux jambes.

1822, 3 novembre. — Pierre Boubènes, de Toulouse : — infirmités aux genoux.

1823, 29 juin. — Rose Avoy, femme d'un constructeur de barques du canal : — douleurs rhumatismales.

1823, juillet. — Achille Tandol, fils du directeur du canal du Midi à Béziers : — paralysie des jambes.

(M. Tandol avait été condamné par les médecins de Montpellier, et le célèbre chirurgien Viguerie, de Toulouse, avait formellement déclaré que ce jeune homme ne serait toute sa vie qu'un *tronc*, un *cul-de-jatte*.)

1824, 22 mai. — Antoinette Escudié, femme Fraysse, de Saint-Jean-de-Kyrie-Eleison : — percluse de tous ses membres.

1825, 27 mai. — Jacques Cazeneuve, d'Auch : — rhumatismes.

1826, 3 juillet. — Jeanne Durand, de Toulouse : — paralysie des jambes.

1826, 20 août. — Jean Gleyzes, de Cintegabelle : — humeurs froides.

Le même jour. — Anne Catier, épouse de Pierre Arnaud, d'Auterive : — douleurs violentes à la cuisse droite.

1826, 6 juin. — Antoine-Célestine Toubels, de Montauban : — plaies.

1826, 24 juin. — Marie Raymond, de Toulouse : — percluse des jambes.

1826, juin. — Louis Massot, de Saint-Clar : — rachitis.

1827, 3 novembre. — Mademoiselle Julie Dufau, de Saint-Béat : — palpitations de cœur.

1827, 27 novembre. — Mademoiselle Hélène Ricard : — maladie grave de poitrine.

1828, 10 août. — Raymond Michel, de Toulouse : — rhumatisme.

1828, 8 septembre. — Catherine Paga, épouse de Pierre Delsol, de Granissou, canton de La Française : — douleurs aiguës à l'estomac et aux reins ; scrofules.

1828, 21 octobre. — Jeanne Soubrié, de Montréal (Aude) : — rhumatisme.

1829, 10 juin. — Gabrielle Andrieu, de Castillon . — rhumatisme.

1829, 23 novembre. — Demoiselle Eulalie Larrey, de Toulouse, fille et sœur des fameux médecins de ce nom : — extinction de voix qui persistait depuis plus de trois ans.

1830, 8 avril. — Joseph Argilés, de Pamiers : — rhumatisme.

1830, 23 juin. — Jeanne Pigot, de La Lande : — rhumatisme.

1830, 21 septembre. — Demoiselle Antoinette Seguéla, de Montauban : — coup de pied de cheval.

1830, 10 octobre. — Emmanuel Maumus, de Toulouse : — affection rhumatismale.

1831, 21 août. — Antoine Espéron, de Montauban : — rachitis.

1831, 11 août. — Marie Ferrière, de Saint-Michel-de-Lanès : — rhumatisme.

1831, 21 août. — Madeleine Soulé, de Nailloux : — douleurs rhumatismales.

1831. — Louis-Auguste Chauban, d'Agde : — dépôt à la cuisse (l'amputation avait été jugée nécessaire).

1832, 6 juin. — Mélanie Grasset, de Cologne : — maux d'yeux très-violents.

1832, 12 septembre.— Dame Félicité Gailhard, épouse Desbals, de Toulouse : — hydropisie.

1833, 10 avril. — Jeanne Blanc, de Montauban : — contraction de nerfs.

1833, 12 mai. — Demoiselle Marie Poumarède, de Montauban : — maladie de nerfs.

1833, 17 juillet. — Pétronille Ouvrier, veuve de Pierre Boyer, de Saint-Simon (Tarn-et-Garonne) : — paralysie du côté droit.

1833, 4 novembre. — Sœur Thérèse-Claudine Cabut, supérieure des Sœurs de la Charité de l'Isle-en-Jourdan : — extinction de voix.

1834, 15 mars. — Thérèse Bec, de Saleich : — douleurs qui l'obligeaient à se servir de béquilles pour faire seulement quelques pas.

1834, 5 octobre. — Jeanne Cabriforce, épouse d'Étienne Robert, de Saint-Martin-du-Touch : — surdité remontant à dix ans.

1834, 29 octobre. — Demoiselle Marie Balas, d'Auch : — perte de la parole.

1835, 17 mars. — Demoiselle Anne Castex, de Montauban : — douleurs violentes de nerfs.

1835, 24 mars. — Demoiselle Joséphine Costo-plane, de Bédarieux : — jambes, bras et reins perclus.

1835, 28 août. — Demoiselle Escassut, de La-cour, diocèse de Pamiers : — tumeur scrofuleuse qui avait résisté pendant plus d'un an aux secours de l'art.

1837, 4 juillet. — Marie Touzet, de Montas-truc : — douleurs qui l'empêchaient de marcher.

1837, 7 août. — Marie Blancal, de Villemur : anévrisme au cœur.

1837, 5 octobre. — **Jean-Adolphe**, de Pa-miers : — marasme.

1837, 12 octobre. — M. le curé de Mondu-rausse : — paralysie.

1837, 9 décembre. — Marie Escudié, de Gra-gnague : — fièvre maligne.

L'exiguïté de cet opuscule ne permet pas que l'on donne la liste complète des miracles, qui, d'après ce que l'on vient de voir, sont très-nom-breux. Nous nous arrêterons donc à l'année 1837, mais nous ne laisserons pas, malgré tout, de dire quelques mots du fait miraculeux arrivé le 27 mai 1867 à Castelnaudary (Aude), par l'in-tercession de sainte Germaine, fait dont la rela-tion étendue a été publiée par M. l'abbé Calas, dans sa *Petite Histoire* de la sainte.

Mlle Julie Belmas, âgée de vingt-un ans, souffrait depuis six ans et demi des douleurs intolérables, causées par des tumeurs et des fistules du plus mauvais caractère. Cette jeune personne était dans l'impossibilité de s'asseoir ; elle se reposait à genoux, mangeait à genoux, travaillait à genoux. Ne pouvant tenir en place dans son lit, elle passait les nuits entières à se promener dans sa chambre.... « Tant de souffrances vives et d'angoisses morales excitèrent à ce point le système nerveux de la pauvre malade, qu'elle passa en peu de temps par toutes les phases de l'hystérie, de la catalepsie, du sommeil léthargique lui-même. » A la fin de 1866, elle vint à Toulouse. Les chefs de service de l'Hôtel-Dieu la virent, sondèrent ses fistules et déclarèrent leurs soins inutiles. De retour à Castelnaudary, la malade s'alita pour ne plus se relever que le jour du miracle. — Sa santé était de plus en plus déplorable, elle ne mangeait pas, ne pouvait dormir et ses plaies augmentaient toujours. Trois fois on lui porta la communion en viatique. Le 17 mars on lui administra l'extrême-onction. A la fin du mois de mai, le directeur de Mlle Julie Belmas songea à lui faire faire une neuvaine à sainte Germaine. Quelques jours après, la malade annonça à plusieurs personnes qu'elle irait à la messe le jour de l'Ascension. On sourit à cette illusion, car la maladie avait fait de nouveaux progrès. Mais le 27 mai Mlle Belmas demanda qu'on l'habillât : ce que l'on fit pour ne pas la contrarier. Dès qu'elle fut vêtue, elle descendit au rez-de-chaussée de la maison où ses parents étaient à table. Elle s'assit à côté d'eux, soupa comme eux, dormit ensuite d'un profond sommeil, ce qui ne lui était pas arrivé depuis fort longtemps. Le jour de l'Ascension, elle alla à l'église au grand étonnement des habitants qui tous crièrent au miracle !

Depuis lors, Mlle Belmas, complètement guérie, vaque à ses occupations comme si de sa vie elle n'avait été malade.

LES FÊTES DE ROME

—

Rome, le 2 juillet 1867.

La cérémonie de la canonisation des Bienheureux a commencé le 28 juin, à six heures du soir, par le chant des premières vêpres. Le Pape s'est rendu processionnellement à la Basilique patriarcale du Vatican, porté sur la *sedia gestatoria* et précédé par plus de cinq cents prélats, évêques, archevêques, primats, patriarches et cardinaux, tous en chape rouge et en mitre blanche.

Rien au monde ne ressemble à cette procession que les Romains eux-mêmes ont trouvée merveilleuse.

Le Saint-Père était rayonnant : jamais il n'avait répandu ses bénédictions avec tant de bonheur. Quelle majesté sur son visage, mais en même temps quelle douceur, quelle bonté !

La procession est entrée dans l'église Saint-Pierre, au milieu d'une foule immense et recueillie. Le temple consacré à la solennité, selon une bulle de Benoît XIV, avait été splendidement illuminé. On avait rehaussé par une décoration nouvelle et extraordinaire, la magnificence de son architecture et la richesse des ornements.

A l'extérieur, et du haut du balcon de la façade, pendait une oriflamme où étaient représentés, couronnés de gloire, les Bienheureux qui allaient être canonisés.

A l'intérieur du vestibule les portes de la Basilique avaient été tendues de soie, et au-dessus étaient disposés cinq grands tableaux qui représentaient des épisodes de la vie des Bienheureux.

Dans la vaste enceinte de la Basilique, et parfaitement en harmonie avec le style architectonique, on avait disposé de grands tableaux rappelant les principaux miracles des nouveaux Saints et les prodiges que le Seigneur a fait éclater pour les glorifier.

L'abside où l'illumination était plus éclatante et la décoration plus splendide, avait pris de nouvelles dispositions en rapport avec la solennité.

Au centre s'élevait sur sept degrés le trône d'où le Pape allait accomplir l'acte solennel de la canonisation. Entre le trône placé au fond de l'abside et de l'autel papal dressé sous la haute coupole, s'étend un vaste espace nommé le *Presbytère*. Le pavé de marbre de ce lieu avait été recouvert de riches tapis ; sur les côtés on avait disposé des bancs recouverts de draperies sur lesquels allaient prendre place les cinq cents prélats admis à assister à la cérémonie.

Un peu en arrière, en se rapprochant de l'autel, on avait élevé deux tribunes pour les souverains et les membres du corps diplomatique.

Le Saint-Père est arrivé à son trône, et on a chanté les vêpres solennelles.

Le soir, à l'*Angelus*, la coupole, la façade et la colonnade de Saint-Pierre ont été illuminées pendant plus d'une heure avec des feux de couleur, dont l'effet, quoique voilé, n'était pas sans charme. A neuf heures, et pendant que l'horloge frappait les neuf coups, par une transition subite, les feux voilés sont devenus d'étincelantes étoiles qui répandaient au loin de magnifiques clartés.

Le lendemain matin, dès l'aurore, le canon du fort Saint-Ange et les cloches de la ville annonçaient la fête. Bientôt les rues qui conduisent à Saint-Pierre ont été encombrées de voitures et de piétons, et, à sept heures, plus de soixante mille personnes avaient pris place dans l'immense Basilique, resplendissante de décorations et de lumières.

A ce moment, le Souverain-Pontife quittait ses appartements et traversait la place Saint-Pierre d'un portique à l'autre. Cette procession, comme celle de la veille, se composait des cardinaux, archevêques et évêques, précédés du clergé séculier de Rome. Après les paroisses de la ville, on remarquait, portés chacun par six hommes, sept immenses étendards, représentant d'un côté les nouveaux Saints et de l'autre quelques épisodes de leur vie.

Toutes les personnes qui assistaient à la procession tenaient dans la main droite un cierge allumé ; le Pape seul avait le sien dans la main gauche ; la droite était occupée à bénir ses enfants, prosternés sur son passage. Pendant longtemps, le respect dû au Pontife a pu contenir les élans du peuple chrétien ; mais, sur le milieu de la place Saint-Pierre, l'enthousiasme l'a emporté sur le respect, et un cri immense a accueilli le Saint-Père, dont la tête s'est un moment inclinée, mais dont la main n'a cessé de bénir.

Les acclamations ont accompagné le Pontife jusqu'au seuil de la Basilique. Ici, le chant sacré a remplacé les cris enthousiastes, et le Saint-Père a gagné son trône, après avoir adoré quelques instants le Saint-Sacrement dans la chapelle où il était exposé.

La cérémonie de la canonisation a commencé. Le Souverain-Pontife, assis au trône, a admis successivement au baisement de mains les cardinaux ; au baisement du genou, les patriarches, archevêques et évêques; au baisement du pied, les abbés mitrés, le commandeur du Saint-Esprit, l'archimandrite de Messine et les Pères pénitenciers de la Basilique.

Quand tous ont repris leur place, le cardinal-procureur de la Canonisation s'est présenté au trône pontifical, ayant à sa droite l'avocat consistorial de la Postulation et derrière lui les autres avocats consistoriaux. L'avocat principal, s'agenouillant alors devant le Souverain-Pontife, lui a adressé de la part du cardinal-procureur une première instance, pour qu'il daignât mettre au rang des Saints les Bienheureux dont la cause glorieuse se traitait en ce jour.

A ce moment, le prélat secrétaire des brefs aux princes s'est avancé revêtu de la cappe; et, des degrés du trône, il a répondu, au nom du Pape, qu'à la vérité les mérites et les vertus de ces Bienheureux étaient bien connus, mais que, dans une circonstance aussi grave, il convenait d'avoir recours à la prière.

Les postulateurs se sont retirés à leur place; le Saint-Père s'est mis à genoux, et deux chantres de la Sixtine ont entonné les litanies des Saints. Plus de cinquante mille voix ont répondu : *Priez pour nous, priez pour nous.*

Une seconde et une troisième instance ont été faites avec les mêmes cérémonies; et, après le *Veni, Creator*, tout le monde étant debout, le

VICAIRE DE JÉSUS-CHRIST, la mitre en tête et assis sur sa chaire, en qualité de docteur et de chef de l'Eglise universelle, a prononcé la formule solennelle.

A ce moment, répondant à la voix du Pontife, les trompettes sacrées ont prolongé leurs fanfares sous les voûtes de la grande église, et, au dehors, le canon du fort Saint-Ange et les cloches des trois cent soixante églises de Rome, sonnant à la fois, ont proclamé la gloire des nouveaux Saints.

Après cette proclamation, le Pape s'est levé; il a déposé la mitre et, d'une voix sympathique et douce, il a entonné le *Te Deum*.

Le Souverain-Pontife a célébré ensuite le sacrifice de la Messe, à son trône et à l'autel papal.

Au *Credo*, tous les prélats ont récité avec le Pape le Symbole de Nicée. C'était bien là l'acte de foi le plus solennel de l'univers catholique.

A l'Offrande, on a chanté, à trois chœurs, le fameux *Tu es Petrus*, de Palestrina.

On ne peut rien imaginer de plus beau hors du Paradis. Quel chant! Quel temple! Quelle assistance! Et Pie IX était le Pontife de cette fête!...

LES FÊTES DE TOULOUSE

—

Pie IX, notre bien-aimé Pontife, en affirmant une fois de plus la merveilleuse fécondité de l'Eglise, qui produit toujours des Saints, vient de donner à Toulouse une précieuse occasion de montrer son antique foi et sa véritable intelligence.

On pouvait croire qu'après la splendeur de Rome pendant la Fête de la Canonisation, il n'était plus possible de rien faire qui fût digne d'admiration. Le spectacle auguste des cérémonies catholiques, dans la ville éternelle, est à la fois si doux et si imposant, qu'on ne saurait, il est vrai, en donner ailleurs une complète reproduction; nous n'avons pour cela ni la magnificence du temple ni la majesté du Pontife.

Ce que nous avons d'enthousiasme et de foi,

nous l'avons donné, et je puis dire que Toulouse l'a donné sans mesure pendant les trois jours consacrés à sainte Germaine. Aussi, nous avons rarement assisté à un spectacle aussi merveilleux que celui de ces trois jours.

Depuis la publication du mandement de Mgr l'Archevêque, qui fixait aux 28, 29 et 30 juillet le triduum solennel, une sainte émulation s'était emparée des habitants, et chacun combinait et arrêtait dans sa pensée ce qu'il pourrait faire pour donner à nos fêtes un éclat extraordinaire.

Les ouvriers unissaient leurs efforts pour réaliser une idée commune, que dirigeaient les chefs de nos grandes industries, et toutes nos maisons semblaient transformées en ateliers pour confectionner des ornements décoratifs, des guirlandes, des bannières, des devises en l'honneur de notre Sainte. Les entrepreneurs d'illuminations, débordés par la trop grande quantité des demandes, n'ont pu se charger que des édifices publics. Les habitants se sont alors réunis dans un même quartier, dans une même rue, et toutes les ressources, convergeant vers un même but, ont produit des merveilles multipliées, dont la diversité était un charme nouveau.

Tous ces préparatifs, continués pendant plus d'un mois avec une infatigable persévérance, ont eu pour résultat un ensemble immense, magnifique, et qui a dépassé toutes les prévisions.

Pendant trois jours, les étrangers, accourus en nombre incalculable, parcouraient les rues de la cité, répétant avec admiration : « Jamais nous n'avons assisté à de pareilles fêtes ; de notre vie nous ne verrons un si beau spectacle. »

Du pavé au faîte des maisons, ce n'était qu'emblèmes, décorations, drapeaux, oriflammes. Toutes les façades, toutes les fenêtres étaient ornées de mille façons ; et lorsque le soir est arrivé, des milliers de verres de couleur ont donné à la ville un aspect prestigieux, indescriptible.

Avec les populations des départements voisins étaient aussi arrivés les pasteurs des diocèses. Mgr le cardinal Donnet, entouré de dix-huit archevêques, évêques et abbés mitrés, a célébré pontificalement les offices, le dimanche 28, dans la cathédrale, splendidement décorée. Ce jour-là, le sermon a été prêché par Monseigneur de Rodez.

Le lendemain, un enfant de Toulouse, Monseigneur d'Avignon, a chanté la messe, et le soir, l'éloquent évêque de Genève a parlé devant un auditoire d'élite, qui, ne pouvant contenir son enthousiasme, et malgré la sainteté du lieu, a répondu par des applaudissements spontanés aux paroles du pieux et savant prélat.

Le troisième jour, la messe pontificale a été chantée par Monseigneur de Toulouse, et le soir, à trois heures, toutes les reliques conservées dans l'église de Saint-Sernin sont venues processionnellement prendre les restes vénérés de sainte Germaine, exposés dans la cathédrale, pour les conduire en triomphe dans les cryptes de la Basilique, d'où elles veillent sur la cité, le diocèse et la France.

Toutes les paroisses de la ville, avec leurs congrégations et leur clergé, ont assisté à la procession, qui s'est lentement déroulée à travers les rues pavoisées de la ville. Le cortége était immense et magnifique. D'abord les pauvres et les enfants du peuple, ils sont toujours les premiers dans le sentier de la vie; les puissances de ce monde suivaient: le général de Goyon et son état major; la cour impériale et les autorités civiles. Toute la garnison était sous les armes, plutôt pour rendre les honneurs que pour maintenir l'ordre, qui n'a pas été un seul instant troublé. Que c'était beau! Que c'était beau! On voyait bien que la politique n'était pour rien là dedans; l'harmonie était parfaite.

C'était le triomphe d'une humble bergère. Dieu se servait de Germaine de Pibrac comme il s'était servi autrefois de Geneviève de Paris et de Jeanne d'Arc d'Orléans; il la faisait grande dans son néant, aussi grande que Clovis, Charlemagne et saint Louis avec leur puissance royale.

Nous n'oublierons jamais à Toulouse les fêtes de sainte Germaine, et le 30 juillet nous rappellera toujours un heureux souvenir.

LISTE DES PRÉLATS

QUI ONT ASSISTÉ AUX FÊTES DE TOULOUSE

Les 28, 29 et 30 juillet 1867

NN. SS. les Archevêques et Évêques de :

Bordeaux. — François-Auguste-Ferdinand DONNET (Grand'croix de l'ordre royal de Charles III d'Espagne), né à Bourg-Argental (diocèse de Lyon) le 16 novembre 1795, sacré évêque *in partibus* de Rosa, coadjuteur de Nancy et de Toul, promu à l'archevêché de Bordeaux le 30 novembre 1836, créé cardinal-prêtre du titre de Sainte-Marie *in Via* le 15 mars 1852.

Avignon. — Louis-Anne DUBREUIL, né à Toulouse le 18 janvier 1808, sacré évêque de Vannes le 8 septembre 1861, promu à l'archevêché d'Avignon le 21 décembre 1863.

Albi. — Jean-Paul-François-Félix-Marie LYON-NET, comte Romain, assistant au trône ponti-fical, né à Saint Etienne (diocèse de Lyon) le 12 juin 1801, sacré évêque de Saint-Flour, le 25 avril 1852, transféré à Valence le 3 août 1857, promu à l'archevêché d'Albi le 27 mars 1865.

Montauban. — Jean-Marie DONEY, né à Epeu-gney (diocèse de Besançon) le 25 novembre 1796, sacré évêque de Montauban le 19 mars 1844.

Angoulême. — Antoine-Charles COUSSEAU, né à Saint-Jouin-sous-Chatillon (diocèse de Poitiers) le 7 août 1805, sacré évêque d'Angoulême le 29 décembre 1850.

Nîmes. — Claude-Henri-Augustin PLANTIER, né à Ceyzerieu (diocèse de Belley) le 2 mars 1813, sacré évêque de Nîmes le 18 novembre 1853.

Carcassonne. — François DE LA BOUILLERIE, né à Paris le 1er mars 1810, sacré évêque de Car-cassonne le 20 mars 1855, assistant au trône pon-tifical.

Rodez. — Louis-Auguste DELALLE, né à Revin (diocèse de Reims) le 9 octobre 1800 , sacré évê-que de Rodez le 18 novembre 1855.

Pamiers. — Jean-Antoine-Auguste BÉLAVAL, né à Toulouse le 7 avril 1805 , sacré évêque de Pamiers le 30 novembre 1858.

Aire. — Louis-Marie EPIVENT, né à Pordic (diocèse de Saint-Brieuc), le 30 juin 1805, sacré évêque d'Aire le 20 novembre 1859.

Mgr Canoz, vicaire apostolique de Maduré (Indes-Orient.) évêque de Tamasso, *in partibus*.

Monseigneur Mermillod, évêque d'Hébron, *in partibus*.

Dom Schiaffini, abbé mitré de Saint-Bertrand de Comminges.

Dom Gabriel, abbé mitré de la Trappe d'Aiguesbelles.

ÉRECTION D'UN MONUMENT

A

SAINTE GERMAINE DE PIBRAC

A TOULOUSE.

L'œuvre du monument à ériger à sainte Germaine est définitivement organisée.

Monseigneur l'Archevêque de Toulouse a bien voulu accepter la présidence d'honneur de la Commission.

Le bureau est composé ainsi qu'il suit :

Président : M. Caussé, vice-président du tribunal civil.

Vice-présidents : Le R. P. CAUSSETTE, vicaire général ; MM. de LARTIGUE, curé de Saint-Sernin ; G. de BELCASTEL, avocat ; F. BOUTAN, avoué à la Cour impériale ; A. BROUSSE, négociant ; F. de RESSÉGUIER, secrétaire perpétuel de l'Académie des Jeux-Floraux.

Secrétaire : M. A. ALBERT, avocat.

Vice-secrétaire : M. Louis BUNEL, avocat.

Trésorier : M. de CARBONNEL, receveur général.

Comptable : M. Emile GAILHARD.

Des Commissions paroissiales s'organisent en ce moment, sous la direction du curé de chaque paroisse. Les membres de ces Commissions se présenteront à domicile pour recueillir les souscriptions.

Ils seront porteurs de cahiers imprimés et foliotés, pour y inscrire les dons. En-tête de ces cahiers se trouve indiquée la composition du bureau relatée plus haut. Les personnes munies de ces cahiers auront seules qualité pour recevoir les souscriptions.

Le montant des offrandes sera centralisé chez M. de CARBONNEL, trésorier de l'œuvre.

L'intention de la Commission est de faire sceller dans le piédestal du monument les cahiers contenant les noms des souscripteurs

OUVRAGES DE L'ABBÉ CALAS

CHEF D'INSTITUTION A TOULOUSE

1. **Le journal de Gaston**, heures sérieuses d'un écolier, 2 vol. in-12. format, Charp. de plus de 700 pages, prix net, les deux vol. — 3 75
2. **Les fleurs de la légende dorée**, 2 vol. In-12, Charp. de 700 pages, prix net, les deux vol. — 3 75
3. **Les petits poèmes de l'enfance**, 1 vol. in-12, Charp. édition de luxe, prix net, — 2
4. **La simple histoire de Jésus**, d'après les Évangiles, 1 vol. in-18 jésus, prix net, — 0 75
5. **Les actes des Apôtres**, 1 vol. in-18 jésus, prix net, — 0 50
6. **Petite histoire de sainte Germaine de Pibrac**, 1 vol. in-18, prix net, — 0 50

Ces divers ouvrages ont été recommandés par plusieurs membres de l'Épiscopat, et désignés par les bibliographies catholiques, parmi ceux qui peuvent être le plus sûrement placés entre les mains des élèves et dans les bibliothèques populaires et communales.

Pour recevoir ces divers ouvrages, en envoyer le prix en timbres de 20 c. : ajouter 30 c. pour les in-12 et 15 c. pour les in-18, pour frais de poste.

Ces ouvrages se vendent chez les principaux libraires de Toulouse, et chez l'auteur, rue Peyras. 14.